AF561905

Lb41 456

ÉLOGE
DE
LOUIS XVI,
ROI DE FRANCE ET DE NAVARRE.

Cet Ouvrage se trouve chez tous les Marchands de Nouveautés.

ÉLOGE

DE

LOUIS XVI,

ROI DE FRANCE ET DE NAVARRE;

SUJET D'UN PRIX EXTRAORDINAIRE PROPOSÉ PAR L'ACADÉMIE ROYALE DES SCIENCES, INSCRIPTIONS ET BELLES-LETTRES DE TOULOUSE, QUI A OBTENU UNE DES DEUX MÉDAILLES D'OR, DÉCERNÉES PAR CETTE ACADÉMIE, DANS SA SÉANCE PUBLIQUE DU 28 AOUT 1817;

Par P.-C. Amilhau,

Avocat à la Cour Royale de Toulouse.

TOULOUSE,

DE L'IMPRIMERIE DE CAUNES, RUE DES BALANCES;

1817.

ÉLOGE

DE

LOUIS XVI,

ROI DE FRANCE ET DE NAVARRE.

> Dans cette mer orageuse qu'on appelle la vie, il n'y a d'autre port assuré que la mort. Mettez donc des bornes aux regrets que cause la perte de celui que nous avons tant pleuré..... Il jouit maintenant d'un ciel pur...., Il est souverainement heureux.
>
> SÉNÈQUE.

ATHÈNES, parvenue au plus haut dégré de civilisation et de grandeur, vit naître dans son sein un homme qui s'éleva, par la seule force de son génie, à des connaissances sublimes, et qui, par ses vertus, mérita d'être surnommé le plus sage des mortels. Sa supériorité le plaça entre l'admiration et l'envie, entre la vénération publique et les persécutions des méchans; la calomnie tenta de flétrir la vie de Socrate, et bientôt, par un crime horrible, elle en trancha le cours.......... Mais quand Xénophon vint rendre, dans le Lycée, un triste et solennel hommage à la mémoire du plus vertueux des philosophes, le cœur des Athéniens fut profondément ému, et le deuil de la patrie consacra la gloire du sage.

Cet évènement mémorable se renouvelle, en quelque sorte, dans ce moment, mais avec une pompe, une solennité que ne pouvait obtenir la victime d'Anitus. Les sujets fidèles du meilleur des rois se rassemblent autour de sa tombe révérée, pour lui offrir l'expression de leurs justes et profonds regrets. O Louis! depuis long-temps une admiration vraie m'attachait à ta gloire; ton éloge était dans mon cœur, et si j'essaie aujourd'hui d'élever un monument à tes vertus, je n'ai pas la présomption de le croire digne du Descendant de Henri. Mais comment résister au désir de célébrer ta magnanimité, ton courage, et cette noble et touchante affection que tu portais à ton peuple, à ce peuple aimant qui versa tant de pleurs sur ta tombe, et qui entoure de sa force et de sa fidélité le trône où tu fis asseoir la piété, la clémence et la justice?

PREMIÈRE PARTIE.

Les dernières années du dix-huitième siècle, célèbres par les progrés des lumières et de la civilisation, présentèrent les signes précurseurs du bouleversement des empires. La guerre ensanglanta toutes les parties de l'Europe, et ce fléau destructeur étendit ses ravages dans les fertiles contrées de l'Inde, sur les rives du Sénégal, et jusques dans les immenses solitudes du Nouveau-Monde; une inquiétude universelle, un mouvement jusqu'alors inconnu agitaient les esprits. Partout des améliorations étaient proposées ou tentées : la nouvelle philosophie voyait croître à chaque instant le nombre de ses sectateurs, et ne cachait plus, sous le voile du mystère, ses projets ambitieux et ses rêves politiques. Fière de ses premiers succès, elle pénétrait jusques dans les palais des rois, et de puissans monarques adoptèrent ses pernicieuses maximes.

Triomphant de la barbarie de ses peuples, de l'âpreté du climat, de l'ignorance et des préjugés, une reine terminait, en Russie, l'ouvrage dont le Czar Pierre avait conçu la gigantesque idée. Différens dans leurs mœurs, dans leurs coutumes, dans leur croyance, les peuples soumis à son pouvoir, recevaient de ses mains des lois uniformes et dictées par la sagesse: ses armées, constamment victorieuses, sapaient les fondemens de la puissance ottomane; et la Grèce, trop long-temps en proie aux Barbares, faisait entendre le cri de la liberté. Frédéric, aussi brave que Charles XII, mais plus heureux, plus grand capitaine, et surtout plus éclairé, reculant les bornes de ses états, se plaçait au premier rang parmi les souverains du Nord. Joseph, accoutumé à respecter la Prusse, comme une dangereuse rivale, s'unissait avec elle pour seconder les projets de la Russie, et préparer la ruine de la Pologne. Gustave détruisait un sénat toujours prêt à s'opposer à ses desseins, et relevait la splendeur du trône de Waza.

Au milieu de l'agitation générale, la France jouissait d'un calme profond. Humiliée, n'a guère, par des défaites nombreuses, et par une paix qui lui avait ravi son influence et des colonies florissantes, elle avait cependant, au milieu de ses revers, conservé des alliances respectables; un auguste hymen lui promettait l'amitié de l'Autriche, le pacte de famille avait d'ailleurs resserré les liens qui unissaient les

Bourbons ; Naples et l'Espagne pourront désormais joindre leurs vaisseaux et leurs soldats à nos flottes et à nos armées, et déjà la superbe Angleterre n'ose plus s'énorgueillir de ses succès.

Cependant l'intérieur du royaume est dans une situation effrayante ; les erreurs et les abus de plusieurs siècles pèsent sur la monarchie française et menacent d'anéantir, à la fois, sa splendeur et sa puissance. Louis-Auguste reçoit, de son aïeul, le sceptre de Louis-le-Grand, et tout l'éclat de la couronne vient se reposer, avec gloire, sur un prince doué d'une grande âme, et formé à l'école de toutes les vertus.

Bientôt le jeune monarque, inspiré par le désir de rendre ses peuples heureux, brise nos barbares institutions, et rouvre les portes de Vincennes, où le despotisme avait renfermé tant de malheureux proscrits. Des magistrats illustres, victimes de leur amour pour la patrie, sont rappelés d'un long exil ; la dissolution des mœurs est arrêtée, la vertu reçoit de nouveaux hommages ; la prospérité nationale étouffe l'esprit séditieux, la politique prend une direction immuable au milieu d'une commotion universelle, et la sagesse du jeune prince suspend, durant quelques années, l'affreuse révolution qui devait embraser la France, et remplir d'épouvante et de deuil l'Europe consternée.

L'élévation d'un nouveau monarque n'était que trop souvent annoncée au peuple par de nouveaux tributs : LOUIS-AUGUSTE répand au contraire des largesses au sein de l'indigence, essuie les larmes de l'infortune, détruit les restes honteux et bizarres de la servitude féodale, et, par sa bienfaisance et ses vertus, annonce à la nation une ère nouvelle ; la sollicitude du Prince s'étend sur le modeste habitant des campagnes ; jeune encore, LOUIS semblait prévoir que l'agriculture serait le soutien de ses états, et ses mains royales tracèrent des sillons. Depuis, encouragée, honorée par sa protection, l'agriculture perfectionne ses méthodes, et par ses rapides progrès double nos richesses territoriales. Si les besoins de l'état prescrivent à LOUIS des réformes sévères, il supprime le cortège imposant qui accompagnait ses pas. Il licencie les vieilles légions qui veillaient sur sa personne sacrée, et qui jadis, à Fontenoi, fixèrent la victoire sous nos drapeaux qu'elle semblait abandonner. La puissance affermie par l'amour ne veut rien devoir à la crainte ; notre premier désir, dit le Monarque, est de rendre nos peuples heureux....... Leur félicité sera notre gloire, et le bien que nous pourrons leur faire sera la plus douce récompense de nos travaux. Vœux dignes de l'âme de LOUIS, sentimens affectueux et paternels, vous fûtes gravés dans nos cœurs, et le temps ni les révolutions n'ont pu vous en effacer !

Les sciences et les lettres ouvrirent, à cette époque, leurs plus riches trésors : sous le règne du prédécesseur de LOUIS, les arts avaient perdu la tradition du vrai beau, et cette élégante simplicité qui en augmente le charme ; l'architecte, le peintre, le statuaire, oubliant les principes sévères, les leçons et les modèles de la savante antiquité, ne connaissaient pour règle qu'un goût faux, mesquin et frivole.

Mais à l'avènement de LOUIS-AUGUSTE, les arts encouragés, protégés par le Souverain, brillèrent d'un nouvel éclat ; leurs progrès furent rapides, et en peu d'années l'école française, enrichie par l'étude des monumens de la Grèce et de l'Italie, obtint toutes les couronnes et toutes les palmes du talent.

Animé du noble désir de consacrer la gloire du nom français, LOUIS-AUGUSTE ordonne de rassembler les images des grands hommes qui ont honoré la patrie. Magnanime Guesclin, noble appui de la France, ta statue fut élevée dans un Panthéon nouveau, et celle du grand Turenne vint y prendre place à tes côtés. Tous deux, illustres par les mêmes vertus, couronnés par la victoire, guerriers vaillans et généreux, vous reçûtes, dans le palais de nos Rois, le tribut d'admiration qui vous était dû à tant de titres. « Corneille qui, dans ses » pièces immortelles, créa parmi nous l'art » tragique et la véritable éloquence; Racine, » aussi grand que Corneille, et plus parfait que » lui; l'évêque de Meaux, sublime dans ses » discours religieux, et qui sut revêtir l'histoire » des brillantes couleurs d'une éloquence ani- » mée; Massillon, qui, du haut de la chaire » évangélique, embellit des graces d'un style » inimitable les éternelles vérités de la morale » et de la religion; Buffon, peintre sublime » de la nature; Pascal, Fénélon, Lafontaine, » Molière, » eurent aussi des monumens dans cette enceinte, où tous les talens, où toutes les vertus furent recommandés, en quelque sorte, à l'estime de leur siecle, aux souvenirs et à l'admiration de la postérité.

Mais c'est peu pour Louis-Auguste d'honorer, à la fois, et le trône et les arts, par cette noble et généreuse protection; digne d'occuper une place parmi les savans, si déjà il n'était glorieusement assis au premier rang parmi les rois, les bornes des connaissances humaines reculent devant lui ; il trace la route que Laperouse doit tenir, pour tenter, par le Nord, un passage dans les mers de l'Inde. L'illustre navigateur quitte nos rivages, et bientôt la France s'énorgueillit de ses premières découvertes. O Laperouse! tu n'a point ramené dans nos ports les vaisseaux confiés à ton génie et à ton courage ; tu n'as point reçu le prix de tes travaux, mais ne te plains pas de ta destinée ; séparé de nous par l'immensité des mers, tu n'as point vu ta malheureuse patrie en proie aux horreurs de la guerre civile et aux fureurs des tyrans. Heureux qui, comme toi, fut rélégué dans des climats lointains, où la nouvelle du plus grand des forfaits n'est jamais parvenue!

Mais, bannissons pour un instant ces tristes images ; parlons plutôt de la bienfaisance de Louis ; parlons encore des cours instans de sa prospérité. Bientôt, hélas! nous ne nous entretiendrons plus que de ses malheurs.

Sous ses auspices, le barreau s'anoblit ; d'illustres orateurs moissonnent tous les lauriers de l'éloquence. Le commerce a triomphé d'injustes dédains ; des canaux, dessinés avec art ; portent l'abondance et la fécondité dans tous les lieux baignés par leur ondes ; des marais infects se transforment en champs fertiles. Les rives de l'Océan ont vu construire un port immense. La fureur des flots est enchaînée ; l'art a vaincu la nature un asile assuré s'ouvre pour nos vaisseaux ; notre marine acquiert un nouvel arsenal, et les merveilles de Cherbourg annoncent à l'Angleterre attentive, que Louis pourra bientôt lui disputer le trident usurpé dont elle frappe les mers.

La France, enrichie de tant de bienfaits, n'a plus rien à désirer pour sa splendeur et pour sa prospérité ; mais, fidèle à son affection pour ses peuples, Louis porte sur eux ses vues philantropiques, et ouvre aux souverains un nouveau genre de gloire. Une ville, célèbre par son attachement à nos Rois, est tout-à-coup détruite par un horrible incendie ; Saint-Dizier, cette cité fidelle, qui brava jadis les efforts des armées ennemies, n'est plus qu'un monceau de cendres et de débris.. .... Mais Louis-Auguste ne sera pas l'insensible témoin des malheurs d'un peuple qu'il aime. Saint-Dizier sort de ses ruines ; la main du Monarque a relevé les demeures de ses sujets, et Louis reçoit le titre de second fondateur de la ville qui lui doit une existence nouvelle.

Et vous, que la nature semblait avoir condamnés, en naissant, aux langueurs de la froide insensibilité; vous, qui ne pouvez entendre les vœux que vos parens, que vos amis forment pour votre bonheur; vous, qui ne répéterez jamais les accens de la tendresse, ni ceux de la douce pitié, un génie bienfaisant voulut en vain développer en vous les germes de tous les sentimens, les principes de toutes les connaissances : en vain il est parvenu à agrandir votre être; vos jours, rendus plus malheureux par l'accroissement de vos besoins, s'écouleront, peut-être, dans les privations et la tristesse. Mais Louis étend sur vous sa main paternelle; les soins de votre vertueux instituteur sont récompensés. Vous êtes rendus à la société, vous serez utiles à la patrie : le sort n'avait rien fait pour vous; plus puissant, Louis assure votre bonheur, et vous comble des dons de sa royale munificence.

Êtres intéressans, qui commencez la vie; malheureuses victimes de la débauche ou de l'infortune, la mort vous menace à l'instant même où vos faibles yeux s'ouvrent à la lumière, au moment où vos bouches plaintives font entendre les cris des premières douleurs ; mais vous serez soustraits à la tombe qui déjà semblait prête à vous engloutir. L'espoir des générations ne sera pas trompé ; une seconde Providence veille sur vos destinées, Louis a préparé l'asile qui doit vous recevoir, et les voiles qui envelopperont, qui rechaufferont vos membres délicats ; un lait, moins doux peut-être que celui que vous devait le sein maternel, mais abondant et pur, coulera sur vos lèvres vermeilles ; les premiers accens que vous prononcerez, n'appelleront pas, hélas ! les auteurs de vos jours ; ils vous ont repoussés, vous ne leur devez plus rien. Mais, apprenez à begayer, au berceau, le nom de celui qui sut vous arracher à une mort certaine ; celui-là seul est votre père : faites descendre sur lui les bénédictions du Souverain des maîtres du monde. Et quelle voix plus éloquente pourrait s'élèver vers le trône du Tout-Puissant, que celle de l'innocence, invoquant le ciel en faveur de la vertu ?

Les Français conserveront aussi la mémoire de tout ce que ce Prince entreprit pour améliorer le sort de ceux que la loi retient dans les fers. Cachots ténébreux, qui renfermez sous vos voûtes épaisses, l'innocent confondu avec de de vils criminels ; l'homme généreux et sensible, près de l'assassin encore couvert du sang de ses victimes, fermez-vous pour toujours à la voix du Monarque : édifices où l'on accueille avec empressement le malheureux courbé sous le poids de la souffrance, et l'indigent en lutte avec toutes sortes de besoins, devenez, par les soins pieux de Louis, plus dignes de votre touchante institution, plus utiles à l'infortune.

Tandis que le Prince enchaînait tous les cœurs, par l'empire d'une âme bienfaisante, une jeunesse impétueuse et dévorée par l'amour de la gloire, se pressait autour du trône, et sollicitait l'honneur de rendre à la France et sa gloire militaire et son influence maritime. La volonté du Monarque pouvait seule contenir, pendant quelques instans, la belliqueuse ardeur qui animait la noblesse française.

Cependant, au sein même des douceurs de la paix, l'amour de la patrie semblait désigner l'éternel ennemi de notre grandeur, et la politique engagea Louis dans une guerre lointaine.

Toujours occupé du soin d'accroître sa puissance, l'Angleterre avait fondé, au-delà des mers, un empire nouveau. Là, des colons soumis aux lois de la métropole, peuplaient déjà d'immenses provinces, et les vivifiaient par leur active industrie. Le gouvernement britannique brise les liens sacrés qui retenaient ses sujets éloignés, et les force d'abjurer pour toujours la mère-patrie. Le peuple Anglo-Américain conservant, au sein de l'oppression, l'amour de la liberté, proclame enfin son indépendance. Aussitôt de nombreuses légions sont armées pour porter l'épouvante et des fers dans le sein du Nouveau-Monde. A l'approche de l'esclavage, un cri de désespoir retentit dans ces vastes contrées: on court aux armes; mais la résistance courageuse des Américains n'a point fixé leur destinée. Ils opposent, il est vrai, un courage héroïque aux efforts de l'ennemi, et cependant chaque année leurs campagnes sont inondées de troupes féroces, et exposées aux incursions imprévues de ces barbares, dont l'Angleterre n'a pas rougi de mendier l'affreuse alliance. L'Europe entière a frémi à la vue des maux auxquels l'Amérique est en proie, et la voix de l'humanité a soulevé les peuples.

Le vertueux Franklin vient porter en France des voeux que l'Angleterre a repoussés; il est temps de venger les outrages que reçut, naguère, le pavillon français dans les mers de l'Inde. Le signal attendu avec impatience est accueilli avec des transports d'allégresse ; dans nos ports, dans nos arsenaux, où sommeillaient la vengeance et la victoire, la foudre a retenti........ L'Amérique sera libre, les vieux soldats de Montcalm courent aux armes, les conquérans du Canada n'insulteront plus à la valeur française.

L'Espagne seconde de si généreux efforts : les Carolines et la Virginie sont rendues à la liberté ; Keppel fuit, et la Grande-Bretagne commence à trembler à son tour. Mais, ceint des lauriers de la victoire, LOUIS suspend le cours de ses triomphes ; il assure aux États-Unis un rang parmi les nations, et donne à la France l'honneur de dicter les conditions d'une paix qui rend la liberté au commerce et le repos à l'univers. Notre patrie a reconquis son antique gloire, et la félicité publique paraît être le prix des plus magnanimes efforts.

Hélas ! sous ces voiles trompeurs étaient cachés les germes d'une révolution funeste ; les lois n'avaient plus d'empire ; la religion, outragée par des blasphêmes, était l'objet des sarcasmes et du mépris. Luttant contre l'opinion, cette reine du monde, l'autorité voyait s'évanouir son pouvoir ; chaque rescrit du Souverain portait dans les esprits l'idée d'un abus, et le désir d'une législation nouvelle ; les guerriers qui avaient combattu pour la liberté de l'Amérique, étalaient, avec orgueil, l'image de Cincinatus et les parures républicaines. C'est par eux que se propagèrent, en France, les opinions, les systèmes des peuples soustraits à la domination britannique. La nation parut adopter les principes qui avaient triomphé sur les bords de la Delaware ; et si l'on ne songea pas d'abord à renverser le trône, on conspira du moins pour lui ravir et la considération et la force dont il était environné.

Fier de sa renommée, un Genevois ambitieux s'était élancé près du trône, dont son imprévoyante audace devait saper les fondemens. Imprudent ! l'expérience des siècles n'avait-elle pu l'instruire que les révolutions des états laissent des traces aussi profondes que les convulsions de la nature.

Bientôt, précipité du faîte des grandeurs, Necker lègue à la France une longue suite de maux, et l'impéritie de ses successeurs prive le Souverain de la confiance et de l'amour que ses vertus avaient inspiré. Louis-Auguste repose en vain ses espérances sur l'assemblée des premiers citoyens du royaume. Sa voix est méconnue ; la cour des pairs ne lui offre aussi qu'une criminelle résistance : le nom d'états-généraux y court de bouche en bouche ; une fermentation générale règne dans tous les esprits, les provinces s'agitent, les trois ordres de l'état semblent n'avoir qu'une même pensée.

Supérieur aux inquiétudes du despotisme, au milieu de la commotion universelle, LOUIS-AUGUSTE dépose une partie de ses pouvoirs, et cherche, avec une noble confiance, à rendre à son peuple et le bonheur et la prospérité. Administrateurs, savans, écrivains, tous sont appelés à seconder ses voeux. Enfin, les Français, subjugués par l'ascendant des vertus du Monarque, se pressent autour du trône et offrent le spectacle imposant de la réunion des esprits et des cœurs : les députés du peuple, fiers d'avoir recouvré leur existence politique, fondent, sur l'appui de leur Roi, l'espérance des provinces allarmées ; une multitude reconnaissante proclame LOUIS-AUGUSTE sauveur de l'état et père du peuple. Les mœurs, les intérêts, les préjugés différens, tout vient se confondre autour du trône. Ah! c'est alors que LOUIS dut éprouver le sentiment d'élévation inséparable d'une si belle entreprise ; puissant, généreux, libre, adoré de son peuple, que manquait-il à sa gloire ? Mais bientôt l'ambition comprimée se ranime, l'intrigue et la flatterie propagent des desseins coupables, et préparent des divisions funestes.

Les maux qui menacent la patrie ont frapé le cœur du prince ; il voit la capitale de son empire livrée à tous les désordres, à toutes les fureurs de la guerre civile ; les places publiques sont jonchées de morts. Pour mettre un terme à tant d'horreurs, pour comprimer enfin les factions, Louis XVI ordonne aux troupes de se réunir sous les murs de Paris ; il invite les états-généraux à concourir au bien de la nation ; il exprime, avec prudence et fermeté, des vues droites et généreuses, des intentions paternelles, et si, par une fatalité inséparable de ses destinées, les députés l'abandonnaient dans une si glorieuse entreprise, il fera sans eux le bien de son peuple ; il marchera vers ce but avec tout le courage qu'il doit lui inspirer.

Prince trop généreux, que le peuple écoute un seul instant ta voix paternelle, et bientôt des jours de bonheur vont se lever sur la France. Mais déjà les factieux ont semé partout des germes de discorde ; déjà les intention du Monarque sont calomniées avec audace ; les troupes destinées à veiller au salut de la capitale, abandonnent les chefs qui les guidèrent long-temps dans le chemin de l'honneur. Trompés par des rapports mensongers ; les citoyens de Paris courent aux armes. Cette ville immense, séjour des arts et des plaisirs, n'est bientôt plus qu'un camp tumultueux ; le sang des sujets fidèles est versé par des assassins, et l'étendard de la révolte est arboré sur les crénaux sanglans de la Bastille conquise ; les trois corps politiques de l'assemblée sont dans une défiance mutuelle. A l'envie à succédé la haine ; bientôt l'antique édifice de cette auguste monarchie, miné sourdement, s'écroule, et la France étonnée attend une nouvelle constitution.

Fertiles en évènemens, les révolutions exaltant toutes les idées, échauffant tous les cœurs, sont favorables, sans doute, aux développemens des facultés morales, aux progrès de l'éloquence. Mais le bien s'opère rarement dans ces jours de trouble et de malheur. Des novateurs insolens remplacent, par des combinaisons d'une imagination délirante, les lois dictées par la sagesse, ou consacrées par les temps. Toutes les passions s'agitent; les factions se livrent des combats, obtiennent tour-à-tour la victoire, et mettent le comble aux maux de la patrie : semblables à des vents déchaînés qui, fondant à la fois sur une mer agitée, bouleversent ses flots et se disputent son empire.

Ainsi l'assemblée constituante, riche de tous les dons du génie, investie du pouvoir nécessaire pour rendre à la France sa splendeur et sa force, nous précipita dans un abîme dont elle n'avait point sondé la profondeur. Le désir imprudent de donner à notre antique monarchie des formes, une législation et des mœurs nouvelles, causa la ruine de l'état ; divisée en plusieurs parties, l'assemblée offrit, au peuple français, un exemple qui ne fut, hélas ! que trop imité. Les cœurs étaient embrasés par les sentimens de la haine, les lois étaient méconnues, et déjà paraissait dans un lointain obscur le nuage affreux dont les flancs entr'ouverts devaient vomir sur nous tous les feux de la tempête.

O vous ! qui n'admirez que les grandes catastrophes de l'histoire, pourriez-vous contempler, sans un étonnement mêlé d'effroi, cette multitude égarée qui vient accomplir, dans Versailles, les projets sanguinaires conçus par une faction criminelle ? Ses chefs, avides de meurtres, se sont promis le crime le plus horrible. La calomnie a versé tous ses poisons dans les cœurs des citoyens trompés ; des furieux s'élancent vers le palais des rois ; Louis pourrait opposer la force des armes à cette attaque imprévue, mais il compte encore sur ce peuple qui lui voua, jadis, amour et fidélité. Ses nobles défenseurs reçoivent l'ordre de demeurer immobiles, et le glaive qui brille dans leurs mains ne doit pas être rougi par le sang des Français : inutile générosité !....

Sous ces voûtes majestueuses, qui ne retentissaient naguère que des accens du dévouement et de la loyauté, d'horribles clameurs se font entendre ; mais les menaces, les cris de mort des factieux ne peuvent arracher au Monarque un consentement que son cœur désavouerait aussitôt ; on le sollicite, on l'importune en vain....... Cependant, à la vue de ses défenseurs tombant sous les coups d'une vile populace, à l'aspect de la Reine, échapée par un prodige au fer des assassins, Louis se trouble....... La crainte ne peut rien sur son âme ; mais l'amour de ses peuples, mais l'horreur du sang la remplissent toute entière ; il cède sans honte, il sacrifie, au besoin de la paix, et le fruit de ses longues méditations, et jusqu'au soin de sa propre gloire.

Émus par de secrets pressentimens, quelques serviteurs alarmés, conjurent en vain le Roi de chercher, dans les provinces fidelles, un asile assuré; ni les prières d'une épouse adorée, ni les larmes de cette jeune princesse, premier fruit d'un hymen qui sans doute aurait dû être plus fortuné, ni les efforts d'une sœur chérie, noble et touchant modèle de toutes les vertus, rien ne peut retenir Louis XVI dans les murs de son palais; son âme déchirée n'entrevoit que les maux qui menacent la patrie; il croit que sa présence pourra calmer les séditieux, et plein de confiance et d'espoir, il marche vers sa capitale....... Quel effrayant cortège accompagne ses pas? Là sont ces citoyens égarés, qui, les premiers courant aux armes, ont renversé les tours de la Bastille; on voit paraître autour du Monarque ces lâches soldats qui ont abandonné les drapeaux de l'honneur, pour se ranger sous les bannières de la sédition; plus loin, des monstres, souillés de crimes, portent au sommet de leurs lances ensanglantées les têtes livides des guerriers morts en défendant la demeure royale.....

Au-dessus de sa fortune, par l'élévation de

ses sentimens, Louis paraît encore plus grand au milieu des farouches satellites qui l'environnent, que lorsque après le combat d'Ouessant, au sein d'une pompe religieuse et guerrière, entouré d'une élite fidèle, il venait dans un temple offrir au Dieu des batailles l'hommage de ses lauriers, et du triomphe de la patrie.

Ah! qu'ils sont loin de nous ces temps fortunés. France, gémis! ton Roi n'est plus qu'un illustre captif : chaque jour on insulte à la dignité du trône; chaque jour voit consommer de nouveaux attentats. Au récit des crimes qui désolent nos provinces, le cœur de Louis est pénétré de l'indignation la plus vive. Successeur de soixante-six rois, petit-fils de Louis-le-Grand, laissera-t-il toujours avilir en lui la majesté du diadême...... Non, sans doute, il tentera de recouvrer la liberté qu'on a osé lui ravir.....

Prince infortuné! vous espérez en vain vous soustraire aux ennemis du trône. La méfiance et la trahison veillent autour de vous; en vain la nuit vous couvre de ses ombres tutélaires..... Des sicaires, en armes, osent vous disputer le passage, et vous prodiguent l'insulte et la menace. Prince, commandez, et ces rebelles vont expier leur attentat sacrilège; mais ils sont Français, et votre cœur leur pardonne. Vous épargnez le sang de ceux qui peut-être veulent verser le vôtre, et l'amour de l'humanité vous ramène au milieu d'un peuple infidèle aux sermens les plus saints.

L'épouvante s'étend de province en province, l'assemblée nationale renverse les dernières bases de l'édifice social ; la religion éprouve une persécution nouvelle ; les asiles de la piété sont fermés ; les prêtres sont arrachés au sanctuaire ; tout ce qui chérit la vertu, la paix, et les antiques lois de la monarchie, éprouve les horreurs de la proscription ; deux cent mille Français abandonnent le sol de la patrie : l'Europe frémit à la vue de nos désastres, et les souverains s'arment pour la défense des droits sacrés de la couronne.

Effrayée par les ruines qu'elle a entassées autour d'elle, inquiète sur le présent, rédoutant l'avenir, l'assemblée nationale se hâte de terminer le code politique qui doit, à son gré, fixer les destinées de la France. Bientôt elle dépose, imprudemment, l'immense pouvoir dont elle était revêtue : de nouveaux législateurs lui succèdent. La haine les unit contre leur infortuné Souverain ; mais l'ambition les divise sur le gouvernement que la France doit adopter. Les uns, conservant encore quelques respects pour les formes monarchiques, ont conçu le projet de placer la couronne sur le front d'un usurpateur ; les autres veulent constituer la France en république ; mais tous sentent que pour parvenir à ce but, que se promet leur audace, ils doivent briser en éclats le trône de Louis.

A la vue de tant de crimes, et dans le dessein d'en arrêter le cours, les neveux de Louis IX, les frères de notre Monarque, ont cherché des asiles sur les bord du Danube et de l'Elbe et du Rhin. Près d'eux se ralient les Français fidèles ; une vaillante noblesse, l'honneur de la patrie, se presse autour du petit-fils du vainqueur de Rocroi. L'étendard des lis flotte sur des rives étrangères, et semble menacer les rebelles : à cet aspect, une rage implacable s'empare des factieux ; ils proscrivent nos princes, ils appellent la guerre, ils veulent donner, les premiers, le signal d'une lutte sanglante entre un seul peuple et tous les rois. Louis résiste long-temps à cet horrible dessein, l'avenir se dévoile à ses yeux ; mais il s'épuise en vains efforts, et le bruit des combats vient étouffer sa voix paternelle.

Hélas! les conseils de notre Souverain étaient

dictés par la sagesse ; nous les avons dédaignés, et tous les fléaux ont fondu sur nous : la guerre a dévoré les générations, nos champs autrefois couverts des riches dons de l'abondance, ont été jonchés de cadavres ; la flamme a détruit de nombreuses cités, séjour des arts consolateurs et de l'active industrie ; les amas de pierre, de marbre, transformés, sous la main du génie, en temples révérés, sont retombés dans les carrières, dans les abîmes dont ils étaient sortis. L'ordre de la nature a été interrompu, le père a pleuré sur la tombe de ses fils, et la mère a été condamnée à gémir sur sa triste fécondité.

Cet horrible triomphe ne suffit pas aux coupables auteurs de nos dissentions civiles, ils veulent encore arracher à Louis de nouvelles et de plus désastreuses concessions...... Des brigands soudoyés menaçent le palais des rois, renversent et détruisent tout ce qui s'oppose à leurs transports régicides ; tout frémit à leur aspect, les gardes étonnés n'osent leur résister ; ils demandent du sang, et le meurtre va souiller leurs mains criminelles..... Mânes des Bourbons, veillez sur le plus infortuné de vos successeurs..... L'âme de Louis s'agrandit à la vue du péril ; il brave les menaces de ses ennemis, oppose à leur fureur son énergie et sa fermeté ; l'estime du prince survit à l'autorité du Monarque, et troublées à son aspect, ces hordes farouches perdent leur audace, leurs glaives ne peuvent plus frapper...... C'est ainsi qu'autrefois, dans les murs de Minturne, le fer du Cimbre demeura suspendu à la vue de Marius.

La magnanimité, la grandeur d'âme de Louis-Auguste, ont vaincu quelques instans les factieux ; mais l'ambition conspire contre le Monarque; le peuple est réduit aux horreurs de la famine ; d'horribles sicaires arrivent sous les murs de la capitale, et donnent à la révolution française, cette empreinte sanglante qui doit la caractériser aux yeux de l'avenir.

Quel bruit sinistre trouble le long silence des nuits ; le lugubre tocsin a répandu l'alarme; une foule inquiète se rassemble, et ceux qui la dirigent ne laissent point ignorer leurs horribles desseins. Louis ira-t-il exposer à une mort certaine les fidèles sujets qui défendent, en petit nombre, les avenues de son palais ? Ces faibles remparts pourraient-ils garantir la majesté du trône des insultes qu'on lui prépare ? Non, sans doute ! Louis veut prévenir un grand crime ; le sang de ses sujets fidèles ne coulera pas dans un combat inégal.... Sa présence, au sein de l'assemblée, peut d'ailleurs déjouer les projets des factieux, et ramener les jours de la paix et de la félicité publique. Espérances trop cruellement déçues; vous remplissiez le cœur du Monarque; son âme aimante et pure croyait encore à l'ascendant de la vertu. Plein de ces grandes et touchantes idées, LOUIS-AUGUSTE quitte le palais de ses pères; il ne peut penser qu'il l'abandonne pour toujours, et il ordonne à ses défenseurs de ne point irriter les phalanges séditieuses qui marchent vers la demeure royale. . . . . .

Mais tout-à-coup le bronze a retenti; les accens de la fureur, les cris d'une rage implacable se mêlent aux éclats de la foudre, aux plaintes des mourans, aux fracas des batailles. . . . . .

O LOUIS! tu voulais épargner le sang, et cependant des flots de sang inondent les portiques de ton palais. On brave, par des menaces, ces étrangers fidèles, qui, devenus Français par leurs sentimens, avaient obtenu l'honneur de défendre le trône; respectant la volonté du Monarque, ils n'osaient donner le signal du combat. Cependant, attaqués, pressés de toutes

toutes parts, ils s'élancent enfin dans les bataillons ennemis; le succès couronne leur audace; ils vont saisir la victoire : la valeur va triompher du nombre............... O crime! ô trahison! des hommes qui faisaient, naguère, les sermens de mourir pour leur Souverain, tournent, contre ces vaillans soldats, des armes ennemies. Innombrables phalanges de rebelles, ne croyez pas néanmoins pénétrer dans le palais des rois, tant que ces défenseurs respireront encore; c'est sur leurs corps inanimés qu'il faut vous frayer un horrible chemin : ainsi, dans le détroit des Thermopiles, le Perse et la mort menaçaient en vain Léonidas et ses compagnons. Les légions du grand roi ne purent franchir ce passage qu'après avoir immolé les trois cents guerriers de Lacédemone. Braves soldats, vous succombez aussi; mais votre mort est votre plus glorieux triomphe! Fidèles à vos sermens, fidèles à l'honneur; aucun de vous n'abandonna le poste confié à son courage; vos noms seront consacrés dans les souvenirs de l'héroïsme, tant que la vertu sera chère aux hommes; tant que la paix, la gloire et la liberté seront les déités tutélaires des montagnes helvétiques.

A cette triste et mémorable époque, où des

séditieux, en armes, forcèrent le dernier des Valois à s'enfuir loin du palais de ses ancêtres, on insulta, sans doute, à la majesté royale; mais du moins les rebelles ne conçurent pas l'espoir de renfermer, dans une étroite prison, le héros de Jarnac et de Montcontour; en s'armant contre lui, on n'avait pas le dessein de le livrer au fer des bourreaux.

Louis était réservé à une plus cruelle destinée; mais, supérieur aux évènemens, il sait les prévoir sans les craindre, et sa captivité ajoutera encore à sa gloire.

Ainsi, Louis IX dans les fers des Sarrasins, paraissait plus grand que lorsque, vainqueur à Taillebourg, il mettait en fuite les soldats de Henri, et traînait dans la poussière le léopard britannique. L'illustration de sa race, et celle de tous les rois, ses prédécesseurs, environnent Louis-Auguste; paré de ses vertus, honoré par ses longs malheurs, il ne tient plus, en quelque sorte, à la terre, que par son affection pour son peuple, et par les liens sacrés de l'amour conjugal et de la tendresse paternelle.

SECONDE PARTIE.

Lorsque l'Angleterre précipita du trône son souverain légitime ; lorsque ce prince infortuné monta sur l'échafaud que la rebellion avait dressé, l'Europe vit en frémissant cet horrible attentat. Mais le sang des Stuards, versé par d'obscurs factieux, n'appela pas la vengeance et l'effroi dans les provinces britanniques opprimées sous un sceptre de fer : la France est destinée à des revers bien plus épouvantables ; le ciel semble déchaîner sur elle tous les fléaux qu'entraînent et la guerre étrangère et les dissentions civiles : les ennemis des Bourbons ont triomphé. De nouveaux législateurs ont saisi les rênes du pouvoir ; choisis dans les débris impurs des factions qui, depuis quatre ans, désolent la France, ils se proscriront mutuellement ; leurs têtes seront vouées à l'exécration et au supplice, et selon l'expression prophètique de l'un d'entr'eux, la révolution, semblable à Saturne, dévorera tous ses enfans. Mais avant que son horrible destinée s'accomplisse, la convention, source féconde de désastres et de calamités, aura détruit des générations entières, dépeuplé une partie de nos campagnes , et plongé l'autre dans la captivité, l'opprobre et le malheur. Toujours grande et forte, l'âme de Louis ne se dément point dans ces affreuses circonstances ; il est banni des palais élevés par ses aïeux , et cet outrage n'altère point la sérénité de son front. Etrange enchaînement des destinées humaines ! cette tour antique, bâtie par les chevaliers du Temple ; ce sombre monument, dont les fondateurs furent immolés à l'ambition de Philippe, devient l'asile de l'un des successeurs de ce Monarque ! mais cette demeure obscure s'embellit par la présence de tout ce que Louis a de plus cher au monde ; fidèle aux vertus d'une épouse, aux devoirs d'une mère, la Fille de Marie-Thérèse y dispute à une Sœur, attendrissante image du dévouement le plus sublime, le soin de répandre quelques charmes sur la captivité du petit-fils de Henri IV. O Reine ! combien les temps sont changés ! à l'époque, où quittant la cour des Césars, vous parûtes dans la capitale de l'empire qui vous était destiné, la joie des Français ne connut point de bornes ; ces routes parcourues, naguère, au milieu d'un peuple armé contre vous, ces routes étaient alors jonchées de fleurs ! les voix qui maintenant vous adressent et l'insulte et la menace, vous saluaient par des cris d'allégresse, et par les touchantes expressions de l'amour..... La nation semblait s'énorgueillir de posséder une Souveraine, qui réunissait la grâce à la dignité, le sentiment des convenances à la grandeur la plus affectueuse ; épouse sensible, son courage ajoute encore au respect que ses vertus doivent nous inspirer ; mère tendre, l'aspect de ses enfans peut seul dissiper ses ennuis. Près d'elle paraît cette jeune Princesse, héritière des pieux sentimens de l'auteur de ses jours ; ange de paix, que le ciel dans sa bonté a donné à la France ! A l'exemple de sa mère, elle saura pardonner, et elle honorera sa vie par la pratique des bienfaits...... Et toi, noble Enfant, rejeton des héros et des rois, le meilleur des pères présente à tes regards l'immense dépôt des connaissances humaines ; l'histoire ouvre pour toi ses trésors. Mais les annales du monde n'offrent que trop souvent le récit des crimes du pouvoir, et ceux d'une ambition effrénée. A peine, dans ce long amas d'erreurs, quelques actions vertueuses, quelques mortels vraiment pieux, apparaissent à de grandes distances, comme ces îles de verdure, que la main de l'Eternel a semées, de loin en loin, dans les sables brûlans de l'Egypte et de la Lybie. Plus éclairé que le vulgaire des hommes, ton modeste instituteur indique à ta raison naissante les monarques que tu peux prendre pour modèles; Louis IX, religieux et brave, tour-à-tour conquérant et législateur, et qui ne voulut être roi que pour être aimé. Le père du peuple, moins célèbre par les glorieux trophées d'Agnadel, que par sa tendresse pour les Français; François I.er, protecteur des savans et des artistes, et qui ouvrit un asile aux Muses de la Grèce, fuyant à la vue des étendards de l'Islamisme et du cimetère des Barbares; Henri IV, le plus heureux des capitaines de son siècle, l'ami et le défenseur de ses sujets, chéri pour sa bonté, sa justice et sa clémence, et que l'admiration a placé, depuis long-temps, au rang des grands rois..... Louis XIV, que quarante années de victoires doivent moins illustrer que la généreuse protection dont il honora les talens qui jettèrent un si vif éclat sur son règne...... Si quelquefois le plus vertueux des rois faisait le récit des erreurs et des crimes qui avaient provoqué nos désastres et préparé la chûte du trône, les expressions de la haine, le désir de la vengeance n'obscurcissaient point les couleurs de ce hideux tableau; chaque circonstance offrait seulement la matière d'une instruction nouvelle. Aimable enfant, devais-tu donc, dans un âge aussi tendre, recevoir toutes les leçons du malheur ? Je ne retracerai point ces scènes douloureuses qui marquèrent la captivité du plus infortuné des princes ; pourrais-je vous peindre la grandeur d'âme de Louis, surprennant un mouvement de pitié dans l'un de ses satellites, et oubliant ses propres souffrances pour lui faire entendre quelque mots de confiance et d'espoir. Les outrages, la contrainte, les tristes humiliations de la misère assiègent le Roi des Français ; sous ses yeux, sont placées des têtes livides et sanglantes, soutenues par des lances homicides : ces traits, privés des couleurs de la vie, retracent encore, à la royale famille, l'objet de ses plus chères affections. Hélas ! bientôt il ne sera plus permis aux augustes captifs de pleurer ensemble sur leur perte. Un geste, un regard, sont des crimes ; arrachés des bras l'un de l'autre, Louis-Auguste et la Reine, naguère sur le premier trône de l'Europe, ont recours, pour s'entretenir, à d'innocens artifices, et confient au tissu de leurs mains, le secret de leur mutuelle destinée. Privé des marques du pouvoir, de la pompe et des ornemens royaux,

Louis seul avec ses vertus et ses souvenirs, commande encore notre admiration et fait couler nos larmes. La méditation des écrits les plus célébres répand encore quelques consolations sur les jours de ce Souverain, et lorsque tout l'abandonne, les lettres viennent embellir ses derniers instans. Etude, douce passion du sage, toi que Louis a toujours chérie, tu nous fais connaître et les temps et les lieux, et les révolutions et les hommes; tu nous aprends à vaincre nos passions, à triompher de la haine et de l'envie, et tu ne nous montres le bonheur que dans le sein de la vertu. Douce passion du sage, étude, ah! qui mieux que Louis pouvait être sensible à tes charmes?

Nous approchons, hélas! de cette époque douloureuse, de ce moment fatal, où le Fils et l'héritier de nos rois fut conduit, comme un vil criminel, devant des rebelles qui avaient usurpé le droit de le juger. Louis n'est plus compté au nombre des souverains; le caractère religieux qui lui imprime l'onction sainte, les lois qui déclarent sa personne inviolable et sacrée, tout est méconnu; à peine lui est-il permis de chercher quelques hommes pour répondre, en son nom, à ses accusateurs.

O vous ! dont les lumières et l'éloquence viennent combattre pour Louis, recevez l'hommage que l'on doit à la vertu courageuse. Malesherbes, Tronchet, Deseze, vos noms, chers à la vertu, chers à l'humanité, seront répétés d'âge en âge avec attendrissement; intrépides soutiens du juste opprimé, la gloire qui l'environne en ses derniers instans, rejaillit sur vous et agrandit vos destinées. Votre souvenir se rattache au souvenir de Louis, et déjà l'équitable histoire a consacré dans ses pages immortelles votre héroïque dévouement.

Mais avant que cet horrible forfait s'accomplisse, peuples, souverains, levez-vous; le siècle et la postérité invoquent votre imposant témoignage : quel est le roi, juste dans les traités, fidèle à ses alliances, généreux dans la victoire, noble et grand au sein des revers; quel est celui qui sut respecter les lois de la nature, et les prières de l'infortune? Plages du Nouveau-Monde, quel Prince consacra votre bonheur et votre liberté? Et vous qui tombés dans les fers des alliés de Louis, paraissiez condamnés à périr sur les bords du Gange et de l'Indus, quelle main puissante, brisant votre esclavage, vous rendit au sein de la patrie? France, France sacrilège, ne vois-tu pas tes enfans dans l'exil ? Les générations tombent sous la hâche homicide, en proie à la révolution et à ses fureurs ; la flamme dévore tes moissons, et tous tes fils gémissent au sein de l'oppression et de la terreur : tant de fléaux déchaînés sur toi, ne peuvent-ils rappeller tes souvenirs ?

Louis-Auguste fut un Prince de mœurs pures, pieux et bienfaisant, dont on ne sollicitait jamais en vain la justice et la munificence, qui, toujours accessible, essuya les larmes de l'infortune, effaça les disgraces et adoucit le malheur ; sous lui le peuple obtint le bonheur et la paix. France, oppose seize années de vertus et de gloire ; oppose l'estime des souverains ; le respect de l'Europe, aux infâmes calomnies dont retentit l'assemblée régicide.......... Mais des cris de mort, des accens de rage éclatent de toutes parts au sein de la convention.

Parmi cette tourbe exécrable, on distingue avec effroi ce sinistre étranger, rebut des factions, écrivain sans génie, orateur d'une vile populace ; scélérat, qui n'eut point de modèle, et dont le nom rappelera toujours le souvenir des forfaits. Près de lui on voit Danton, implacable ennemi du trône et des autels, conspirateur audacieux, habile à persécuter la vertu, inhabile à dérober sa tête au glaive qui la menace. Au milieu d'eux paraît le farouche Maximilien. Du sein de l'indigence et des ténèbres, cet intrigant, redoutable aux citoyens les plus illustres, s'est élevé au faîte des honneurs; il aspire à la suprême puissance; son cœur est dévoré de la soif du sang; son âme est embrasée par l'ambition la plus ardente; il s'élève avec force contre LOUIS-AUGUSTE; il presse le sacrifice, il outrage la victime; semblable au génie du mal, à cet Arimane affreux, que les nations asiatiques représentaient poursuivant sans cesse le principe bienfaisant.

LOUIS conserve, au sein de l'infortune, toute la dignité du malheur et toute la noblesse d'une grande âme; sa tête rayonne encore de majesté, la sécurité de ses traits n'est obscurcie qu'un instant; des larmes s'échappent de ses yeux attendris, lorsqu'au souvenir de sa grandeur passée, il songe qu'il a perdu le doux pouvoir de répandre encore de bienfaits; mais il rappelle et sa force et son courage au nom de l'atroce calomnie qui l'accuse des massacres qui ont souillé la capitale; il atteste, et la France et l'Europe; il invoque le passé, il en appelle à l'avenir : ses horribles assassins sentent évanouir leur audace, et ressemblent moins à des juges qu'à des criminels condamnés, qui viennent solliciter leur grâce auprès du trône.

Jamais une palme aussi belle n'avait brillé aux yeux de l'orateur ; jamais l'éloquence française n'avait prétendu à un aussi glorieux triomphe que dans cet instant où la voix d'un homme courageux allait s'élever en faveur du plus infortuné des rois. Ah ! si, ne dédaignant pas les ressources de cet art sublime, Louis-Auguste avait permis de dérouler le tableau de sa vie ; de rappeler cette longue série d'actions vertueuses, qui en consacraient toutes les époques, qui en marquaient tous les instans, ses juges n'auraient peut-être pas osé consommer le plus épouvantable des forfaits. Mais, toujours grand, le Roi ne veut ni tenter d'amolir le cœur des séditieux, ni exciter leur pitié dédaigneuse. Fidèle aux volontés de son Souverain, l'illustre défenseur qu'il a choisi remplit son noble ministère avec cette supériorité majestueuse, cette dialectique profonde, dont on ne connaissait de modèle que dans les écrits de la savante et sage antiquité! Mais, que peut la raison lorsque la haine a marqué sa victime? Pompes, qui environnez le Monarque, vaines chimères de l'orgueil, trompeuses illusions qui assiégez les trônes, évanouissez-vous.......... France, couvre toi de deuil........ L'arrêt est prononcé.

Epouse et Sœur de Louis, armez-vous de courage; l'espoir, dernier bien des infortunés, ne doit plus vous offrir ses illusions touchantes; l'objet de votre amour va cesser de vivre; ce front, où siège encore la majesté du diadême; ces yeux dans lesquels se peint encore sa bonté, seront bientôt voilés des ombres du trépas : recueillez les dernières pensées, les dernières larmes du Roi martyr; que son jeune Fils, que sa Fille chérie viennent se jetter dans ses bras; qu'ils goûtent encore le bonheur d'être pressés sur son sein paternel. Demain.... Mais écartons cette sinistre image........ Votre séparation ne sera pas éternelle; Épouse et Sœur du Roi martyr, vous le reverrez bientôt dans les célestes demeures. Et toi, Fils de nos Souverains, aimable et malheureux enfant, embrasse encore ton père; son cœur déchiré ne peut plus résister à la douleur de sa famille; mais Dieu l'appelle, et la religion auguste, qui avait prémuni Louis contre les prestiges de la grandeur, vient porter dans son âme l'unique consolation digne d'une si grande infortune. Animé par la reconnaissance, il presse sur son sein le vieillard vénérable qui fut deux fois son ministre, et toujours son ami. Ses bras sont ouverts aux sujets fidèles qui ont bravé pour lui la vengeance des régicides ; et ces orateurs, ce vieillard et ce Roi confondent en cet instant leurs adieux et leurs pleurs.

Bientôt une joie céleste brille dans les traits du Monarque, ses vœux et ses regrets ne sont plus que pour ce peuple, qu'il chérit encore avec tendresse. Cependant, outragé par la calomnie, il veut laisser à la terre un monument de sa douceur et de sa clémence. Elles s'accompliront ses dernières volontés ! L'auguste Héritier de sa puissance saura pardonner, et il recompensera ceux qui furent toujours fidèles. Rendu, un jour, au bonheur et à la liberté, le peuple français relèvera les images de Louis-Auguste ; il répétera, en versant des larmes, les derniers mots que sa main a tracés, et le souvenir de cet acte religieux et paternel, durera autant que la monarchie, autant que la gloire des Bourbons.

Assurés de leur sanglant triomphe, les ennemis du trône ont permis à un prêtre fidèle d'entrer dans la sombre demeure où l'héritier de soixante-six rois est retenu captif. Un autel est dressé sous ces voûtes antiques, et des mains pieuses ont pris soin de l'orner. Le ministre du Très-Haut revêt la pourpre saserdotale ; les prières pénètrent dans les cieux ; les paroles sacrées sont prononcées : un Dieu, couvert du voile mystique descend sur l'autel et vient consoler le juste dans ses derniers instans. Plein de confiance, d'amour et d'espoir, LOUIS-AUGUSTE participe aux saints mystères ; la béatitude céleste éclate sur son front ; une douce joie brille dans ses regards. Saisi d'une vénération religieuse, le ministre du Tout-Puissant s'incline, et croit voir un de ces êtres surnaturels que les chrétiens révèrent, et auxquels l'église à consacré un culte et des monumens.

Il luit, enfin, ce jour horrible qui doit éclairer le plus grand des forfaits. Le peuple est accouru dans le lieu fatal, où le plus malheureux des rois doit terminer sa destinée. Moins attristés, le cœur déchiré par les regrets et la terreur, les citoyens contemplent, en silence, l'échaffaud dressé par la tyrannie ; ils craignent de montrer leur douleur ; mais à peine ont-ils entrevu LOUIS, que des pleurs s'échappent de leurs yeux ; les cruels ennemis du Prince sentent expirer leur audace. Les armes qui brillent dans leurs mains se penchent vers la terre ; ils semblent attendre, en silence, qu'on vienne le disputer aux bourreaux.

Mais, hélas ! Louis-Auguste est abandonné des hommes ; ses regards sont fixés vers le ciel, son cœur est calme, son visage est serein. Plein du doux espoir de l'immortalité, il voit la mort sans la braver ni la craindre. Bientôt il arrive sur cette même place où son hymen fut célébré par une fête, que des présages sinistres avaient signalé. D'une voix imposante il proclame son innocence ; quelques mots de pardon et d'amour sont arrêtés, expirent sur ses lèvres, et remplissent tous les cœurs d'une terreur sacrée.......... Le prêtre prononce les paroles prophétiques.......... Et Saint Louis a reçu, dans les cieux, l'héritier de son sceptre et de ses vertus. Un long cri d'effroi annonce que Louis-Auguste a cessé de vivre ; le peuple frémit ; chacun croit voir promener sur sa tête le glaive qui vient de frapper le Roi ; la consternation est générale, le deuil universel ; la foule se retire triste, pâle et muette, et la cité semble se voiler du crêpe de la mort.

Mais quels sont ces citoyens qui se courbent au pied de l'échaffaud ? Invoquent-ils le Monarque qui vient de se placer dans les cieux,

cieux, entre Louis IX et Charlemagne ? Hélas ! à l'exemple des premiers chrétiens, ils recueillent le sang du martyr. Le voile qui en est teint flottera sur la tour de Londres ; il donnera le signal de la guerre ; il appelera la vengeance et la mort sur notre malheureuse patrie. O France, que de maux vont expier le sacrilège dont la rebellion osa te souiller ! l'Europe entière s'arme contre toi ; en vain tes valeureux enfans retardent l'instant de ta ruine ; en vain ils renversent le trône de vingt rois. Cinq lustres se sont écoulés, et l'Eternel est fatigué des crimes qui désolent le monde. Des rives de la Newa, du Danube et de l'Elbe, de celles du Tage et de la Tamise, s'élancent des légions innombrables ; elles marchent vers l'antique Lutece ; rien ne peut arrêter ce torrent dévastateur. Qui pourrait la sauver des flammes ? qui pourrait enchaîner le courroux des vainqueurs, qui s'avancent vers les remparts où gronde une foudre impuissante. Hélas ! cette cité n'offrira bientôt plus qu'un monceau de cendres et de débris. Mais du haut des sphères célestes, Louis voit les dangers de la France, il saura mettre un terme à nos malheurs ; il implore le Tout-Puissant, et bientôt des desseins magnanimes remplacent les projets conçus par une haine implacable...... Les souverains de l'Europe n'entrent dans nos murs que pour retablir le trône de Clovis, que pour y placer un monarque légitime, douce et vivante image du Roi que nous avons perdu. O ma patrie! quitte tes habits de deuil, relève ta tête vénérable, les Fils de Henri vont de nouveau régner sur toi, tes beaux jours vont renaître; déjà la religion retrouve ses temples, et la pompe de ses solennités; nos vaisseaux sillonnent, sans crainte, la vaste étendue des mers, et rapportent, sur nos rivages, les productions de l'industrie et les richesses des Deux-Mondes. L'amour de la vraie gloire anime nos légions fidèles : ô France! tu retrouveras encore tes Duguesclin, tes Villars, tes Turenne; mais dans le cours de tes prospérités n'oublie pas le Souverain qui voulut assurer à jamais ton bonheur. Que la mémoire de LOUIS-AUGUSTE soit toujours honorée; qu'elle s'accroisse d'âge en âge, et tandis que la piété lui élèvera des autels, que le culte des souvenirs lui soit à jamais consacré par l'amour et la reconnaissance. Les prières de cette victime pure ont désarmé le ciel et rendu la paix à nos provinces; par lui notre antique monarchic va reconquérir son ancienne splendeur. O LOUIS!

daigne veiller encore sur l'héritage acquis à ta race royale ; que mes voeux, les plus chers, soient exaucés ; que le Prince, qui marche d'un pas assuré dans les sentiers de la justice, porte long - temps le sceptre que tu honoras par tes vertus ; qu'il vive pour cicatriser les plaies de la France ; qu'il vive, pour recueillir le touchant tribut de notre amour. Eh ! quel plus précieux bienfait pourrions-nous espérer, que la conservation d'une Monarque qui règne moins encore par les droits les plus sacrés, que par l'empire qu'assurent toujours le génie, la clémence et la bonté ?

FIN.

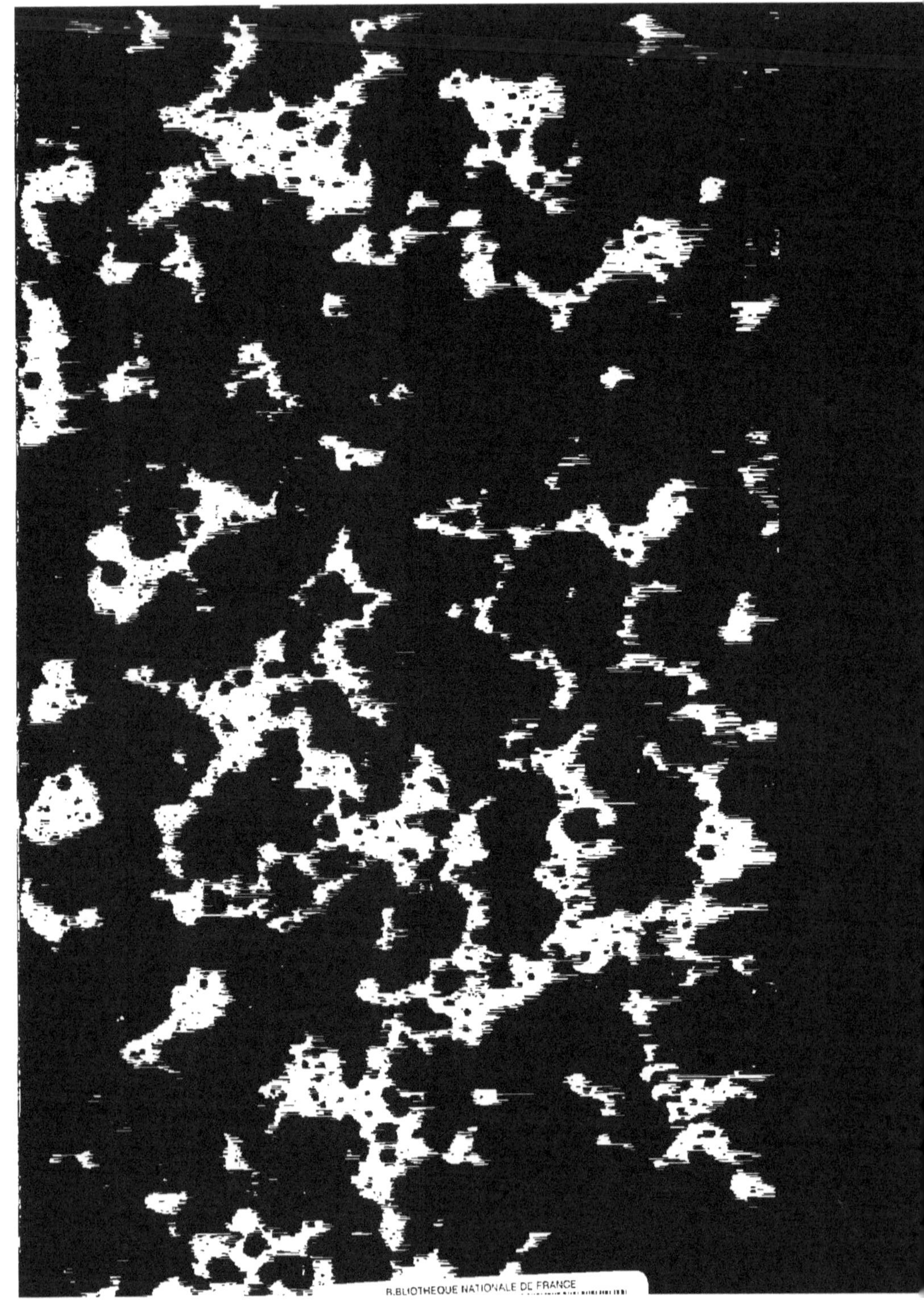

BIBLIOTHEQUE NATIONALE DE FRANCE

www.ingramcontent.com/pod-product-compliance
Lightning Source LLC
LaVergne TN
LVHW010054230826
846091LV00005B/1942

* 9 7 8 2 0 1 3 2 4 5 9 7 5 *